Bibliografische Information der Deutschen Nationalbibliothek:

Die Deutsche Bibliothek verzeichnet diese Publikation in der Deutschen National-
bibliografie; detaillierte bibliografische Daten sind im Internet über http://dnb.d-
nb.de/ abrufbar.

Impressum:

Copyright © 2013 GRIN Verlag
Druck und Bindung: Books on Demand GmbH, Norderstedt Germany
ISBN: 9783668708242

Dieses Buch bei GRIN:

https://www.grin.com/document/426796

Dennis Schindeldecker

Erfolgsfaktoren für die Entwicklung hochqualitativer Software

GRIN Verlag

GRIN - Your knowledge has value

Der GRIN Verlag publiziert seit 1998 wissenschaftliche Arbeiten von Studenten, Hochschullehrern und anderen Akademikern als eBook und gedrucktes Buch. Die Verlagswebsite www.grin.com ist die ideale Plattform zur Veröffentlichung von Hausarbeiten, Abschlussarbeiten, wissenschaftlichen Aufsätzen, Dissertationen und Fachbüchern.

Besuchen Sie uns im Internet:

http://www.grin.com/

http://www.facebook.com/grincom

http://www.twitter.com/grin_com

Erfolgsfaktoren für die Entwicklung hochqualitativer Software

Seminararbeit
Im Modul „Software Engineering"

FOM - Hochschule
Studiengang Wirtschaftsinformatik, SS 2013, Standort Mannheim

eingereicht von:

Dennis Schindeldecker

eingereicht am 30. Juli 2013

Vorwort

Die vorliegende wissenschaftliche Arbeit entstand im Zeitraum vom 02.03.2013 bis 30.06.2013 an der FOM Hochschule am Studienstandort Mannheim. Die formale Gestaltung der Arbeit richtet sich nach dem offiziellen Leitfaden für Gestaltung wissenschaftlicher Arbeiten der FOM Hochschule sowie nach den Vorgaben und der Zitierrichtlinie des betreuenden Professoren Hr. Prof. Dr.-Ing. Peter Steininger. Inhaltlich umfasst die Arbeit den Themenbereich „Erfolgsfaktoren für die Entwicklung hochqualitativer Software". Das Thema der Arbeit wurde im Modul „Software Engineering" vergeben und ist Bestandteil der zu erbringenden Prüfungsleistung im genannten Modul. Ziel der Arbeit ist die umfassende und wissenschaftliche Betrachtung des Themengebiets mit all seinen wesentlichen Aspekten.

Mannheim, den 30.06.2013   Dennis Schindeldecker

Inhaltsverzeichnis

Abbildungsverzeichnis

1. Einleitung

Mit der immer stärkeren Durchdringung von Software im Alltag nimmt auch die Qualitätsbetrachtung von Software einen immer stärkeren Fokus ein. Eine Betrachtung von hochqualitativer Software ist dabei facettenreich (vgl. LIGGESMEYER 2009, S. 1). Die Erwartungshaltung bei Kunden und Anwendern ist nicht nur, dass Software die definierten Anforderungen erfüllt und fehlerfrei zur Verfügung steht, sondern auch, dass weitere spezifische Aspekte ganz selbstverständlich mit beachtet werden. Beispielsweise erwarten Anwender eine gute Benutzungsfreundlichkeit innerhalb der Software um lästige Schulungen auf ein Minimum reduzieren zu können. Gleiches gilt für Unternehmen die Software einsetzen. Hier steht der Faktor der Wirtschaftlichkeit im Vordergrund, d.h. alle Maßnahmen die aufgrund einer unzufriedenen Qualität ergriffen werden müssen fließen als Kostenfaktor mit in die Kaufentscheidung ein und beeinflussen diese negativ (i.A.a. STELZER 2000, S. 50).

Die Liste von Faktoren die ein Softwarehersteller berücksichtigen muss um die Erwartungshaltungen nach hochqualitativer Software zu erfüllen ist daher groß. Die Identifikation und Umsetzung von Erfolgsfaktoren für die Entwicklung hochqualitativer Software stellt umso mehr einen entscheidenden Wettbewerbsfaktor dar.

1.1 Problemstellung

Trotz der offensichtlichen Notwendigkeit hochqualitativer Software ist doch deren Entwicklung nicht trivial. Eine Entwicklung eines bestimmten Softwareproduktes im Budget- und Zeitrahmen stellt für die meisten Softwarehersteller kein Problem dar. Dabei allerdings auch noch gleichzeitig dem Anspruch nach hochqualitativer Software gerecht zu werden ist hingegen umso schwieriger. Damit ein hochqualitatives Softwareprodukt entstehen kann und dabei auch Budget- und Zeitrahmen eingehalten werden, ist ein strukturiertes Vorgehen innerhalb des Entwicklungsprozess, als auch die Verwendung von qualitätssichernden Methoden und Maßnahmen entlang des Softwarelebenszyklus notwendig (i.A.a. SCHATTEN u.a. 2010, S. 114).

Eine zusätzliche Herausforderung stellt die Tatsache dar, dass Aspekte die von bestimmten Zielgruppen als wichtig erachtet werden, für andere weniger relevant sind. Es ist daher nicht ökonomisch die beste Qualität zur Verfügung zu stellen, sondern vielmehr genau die Qualität sicherzustellen, die durch Auftraggeber und die speziellen Rahmenbedingungen des Vorhabens erforderlich ist (vgl. LIGGESMEYER 2009, S. 1). Neben einer Auswahl und Verwendung der richtigen Maßnahmen und Methoden für hochqualitative Software, ist daher auch die Fragestellung der richtigen Verwendung dieser eine Entscheidende. Insbesondere bei diesem Aspekt kommt dem Management ein hoher Stellenwert zu. Die Herausforderung liegt also neben der korrekten Auswahl von Methoden zur Qualitätssicherung auch darin diese im notwendigen Maß richtig einzusetzen.

1.2 Zielsetzung und Abgrenzung der Arbeit

Innerhalb dieser wissenschaftlichen Arbeit sollen alle wesentlichen Aspekte rund um die Qualität von Software betrachtet werden. Im Mittelpunkt der Betrachtung stehen dabei Erfolgsfaktoren die zu hochqualitativer Software führen.

Zu Beginn und zum allgemeinen Verständnis wird daher zuerst der Qualitätsbegriff eingeführt. Neben einer Definition werden hierbei sowohl die unterschiedlichen Qualitätsaspekte als auch die Bedeutung von hochqualitativer Software dargestellt. Im darauf folgenden Kapitel werden grundlegende Prinzipien beschrieben, die entweder als Basis für weitere Methoden und Maßnahmen dienen oder die unabhängig der jeweiligen Phase des Softwarelebenszyklus Anwendung finden können. Kapitel 4 befasst sich anschließend mit speziellen Methoden und Maßnahmen die innerhalb der einzelnen Phasen des Softwarelebenszyklus zur Qualitätssicherung und –steigerung herangezogen werden können. Im Vordergrund steht dabei die Fragestellung wie Softwarequalität durch den Entwicklungsprozess sichergestellt werden kann und wie die einzelnen Phasen des Softwarelebenszyklus zu einer Qualitätssteigerung beitragen können. Das darauffolgende Kapitel befasst sich mit der Bedeutung und dem Einfluss des Managements für die Entwicklung von hochqualitativer Software. Hierbei wird auf die Fragestellung von unterschiedlichen Entscheidungen des Managements und deren Bedeutung für die Entwicklung hochqualitativer Software eingegangen und die Bedeutung von Reifegradmodellen aufgezeigt. Im Fokus des Kapitels steht die Fragestellung welchen Einfluss das Management auf die Entwicklung qualitativer Software hat. Zuletzt rundet eine kritische Betrachtung und ein Fazit die wissenschaftliche Arbeit ab.

Im Rahmen dieser wissenschaftlichen Arbeit werden an vielen Stellen unterschiedliche Bereiche des Software Engineerings tangiert. Diese Bereiche werden, soweit für das Gesamtverständnis und deren Einfluss auf den Themenbereich dieser Arbeit notwendig, kurz erläutert. Eine vollumfängliche Beschreibung aller tangierenden Bereiche kann allerdings aufgrund der Fokussierung auf den oben genannten Themenbereich und dem Umfang der Arbeit nicht stattfinden. Insbesondere werden die einzelnen Phasen des Softwarelebenszyklus als roter Faden für die Beschreibung einzelner Maßnahmen zur Entwicklung hochqualitativer Software verwendet. Die einzelnen Phasen werden dabei sofern für die Qualitätsbetrachtung relevant beschrieben, Stellen die für die Qualitätsbetrachtung nicht relevant sind werden nur kurz umrissen.

2. Der Qualitätsbegriff

Auch wenn ein scheinbar intuitives Verständnis für den Begriff von Softwarequalität vorliegt, ist doch dessen Definition nicht trivial und äußerst vielfältig. Daher bildet zuerst eine genaue Betrachtung des Qualitätsbegriffs den Gegenstand dieses Kapitels. Damit wird die notwendige Verständlichkeit und Grundlage für eine Beschreibung von Indikatoren und möglichen Erfolgsfaktoren für die Entwicklung hochqualitativer Software geschaffen.

2.1 Definition Softwarequalität

Zur näheren Betrachtung des Qualitätsbegriffs und dessen Bedeutung auf Software bietet sich zunächst eine formale Definition an. In der Norm ISO 8402 ist eine Definition für den Begriff Qualität zu finden (vgl. WALLMÜLLER 2001, S. 12): *„Qualität ist die Gesamtheit von Merkmalen einer Einheit bezüglich ihrer Eignung, festgelegte und vorausgesetzte Erfordernisse zu erfüllen"*.

Die ISO-Norm 9126 detailliert auf Basis der oben genannten Definition den Begriff Softwarequalität noch weiter und bezieht sich hierbei insbesondere auf Softwareprodukte (vgl. BALZERT 1998, S. 257): *„Software-Qualität ist die Gesamtheit der Merkmale und Merkmalswerte eines Software-Produktes, die sich auf dessen Eignung beziehen, festgelegte oder vorausgesetzte Erfordernisse zu erfüllen"*.

Wenn sich auch beide Definitionen stark ähneln bzw. ähnliche Eigenschaften beschreiben, so wird auch deutlich, dass die Betrachtung von Softwarequalität immer auf verschiedene Merkmale und Eigenschaften zurückzuführen ist. Soll daher eine vollumfängliche Betrachtung von Softwarequalität erfolgen, so ist es in nahezu allen Fällen notwendig ein Softwareprodukt aus unterschiedlichen Perspektiven zu beschreiben. Hierzu zählen unter anderem (vgl. SCHATTEN u.a. 2010, S. 114):

- Die Erfüllung von gestellten Anforderungen, Eigenschaften und Funktionalitäten.
- Die Erfüllung von Vorgaben, Richtlinien, Standards oder gesetzlichen Vorschriften.
- Die Zufriedenheit der Anwender und Auftraggeber, beispielsweise durch das Vorhandensein eines möglichst fehlerfrei lauffähigen Systems.

Herauszuheben ist bei dieser Betrachtung die Kundenzufriedenheit (repräsentiert durch Anwender oder Auftraggeber) als zentrales Kriterium für die Qualitätsbetrachtung. Ist der Kunde mit der Software zufrieden, so wird diese als qualitativ hochwertiges Produkt angesehen.

2.2 Qualitätsaspekte von Software

Auch wenn die Kundenzufriedenheit das zentrale Kriterium für eine Qualitätsbetrachtung darstellt, so bleibt der Begriff der Softwarequalität eine multikausale Größe (vgl. HOFFMANN 2008, S.6). Es ist daher nicht möglich ein Kriterium alleine festzulegen, mit dem sich Software-qualität ganzheitlich beschreiben lässt. Die zuvor genannten Perspektiven lassen sich vielmehr als unterschiedliche Qualitätsaspekte weiter detaillieren. Daraus ergeben sich folgende Aspek-te auf die Qualität von Software (vgl. HOFFMANN 2008, S.7; KANDT 2006, S.3ff):

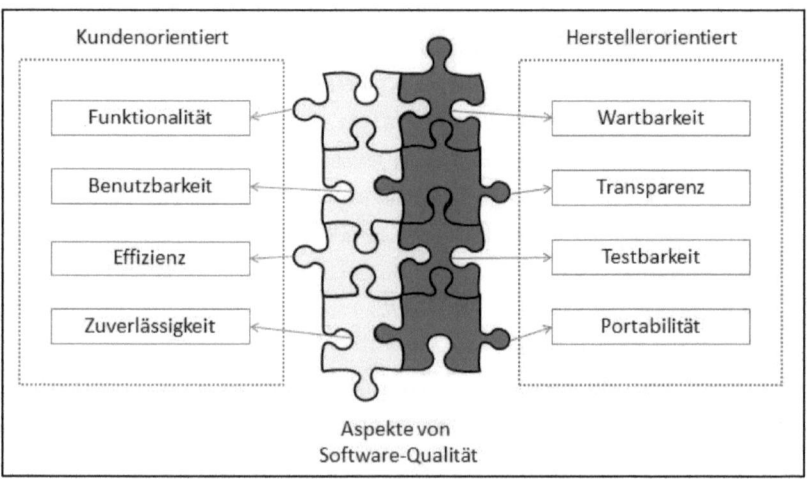

Abb. 2-1:   Qualitätsaspekte von Software (i.A.a. HOFFMANN 2008, S.7)

- **Funktionalität**

    Der Aspekt der Funktionalität beschreibt inwieweit ein Softwaresystem den ihm zuge-schriebenen Funktionsumfang entspricht. Wird der zugeschriebene Funktionsumfang nicht erfüllt, so spricht man von funktionalen Fehlern oder Mängeln.

- **Zuverlässigkeit**

    Die Zuverlässigkeit beschreibt wie stabil und zuverlässig eine Software arbeitet. Insbe-sondere in sicherheitskritischen Anwendungen (z.B. Bordelektronik von PKWs) hat das Systemversagen gravierende negative Auswirkungen.

- **Effizienz**

    Die Fragestellung der Effizienz eines Softwaresystems befasst sich damit, inwieweit das System den unterliegenden Laufzeitanforderungen gerecht wird.

- **Benutzbarkeit**

  Das Kriterium der Benutzbarkeit bündelt alle Eigenschaften eines Systems, die sich mit der Mensch-Maschine-Schnittstelle und folglich auch mit der Benutzerinteraktion befassen. Hochqualitative Software zeichnet sich im Bereich der Benutzbarkeit unter anderem dadurch aus, dass eine intuitive, individuelle und durchgängige Benutzung für den Anwender möglich ist.

- **Wartbarkeit**

  Die Wartbarkeit beschreibt einen Aspekt von Software der insbesondere darauf abzielt, dass Software auch noch nach deren Inbetriebnahme mit vertretbarem Aufwand korrigiert, modifiziert und erweitert werden kann.

- **Portabilität**

  Gegenstand des Aspektes der Portabilität ist die Fragestellung, wie einfach eine bestehende Software auf anderen Umgebungen übertragen werden kann. Hierunter fallen beispielsweise die Übertragung auf ein anderes Betriebssystem oder eine andere Architektur.

- **Transparenz**

  Der Aspekt der Transparenz bewertet, in welcher Art und Weise die nach außen sichtbare Funktionalität intern in der Software umgesetzt wurde. Man spricht von einer hohen bzw. guten Transparenz, wenn sich hinter der sichtbaren Benutzungsoberfläche eine geradlinige, strukturierte und nachvollziehbare Implementierung verbirgt.

- **Testbarkeit**

  Die Testbarkeit beschreibt inwieweit Softwarefehler erkannt werden können. Ziel eines hochqualitativen Softwareproduktes ist es, Softwarefehler möglichst früh und rechtzeitig zu erkennen, sodass diese unmittelbar entfernt werden können.

Die Kriterien Funktionalität, Effizienz, Zuverlässigkeit und Benutzbarkeit sind unmittelbar für den Anwender der Software sichtbar und bilden daher die Qualitätssicht des Anwenders (vgl. HOFFMANN 2008, S.9f). Folglich ist deren Betrachtung umso wichtiger um eine hohe Kundenzufriedenheit zu generieren. Die Kriterien der Transparenz, Portabilität, Testbarkeit und Wartbarkeit stellen die innere Qualität einer Software dar (vgl. HOFFMANN 2008, S.9f). Deren Betrachtung bietet sich insbesondere aus Sicht des Auftragnehmers an, da dadurch der langfristige Erfolg des Softwareproduktes sichergestellt werden kann.

Die DIN ISO 9126 Norm beschränkt sich in ihrer Beschreibung auf sechs der oben genannten acht Qualitätsaspekte (vgl. TIAN 2005, S. 18f). Die Bereiche Transparenz und Testbarkeit werden in der DIN ISO 9126 Norm nicht berücksichtigt. Insbesondere aufgrund deren Einfluss auf die anderen Aspekte empfiehlt es sich allerdings diese im Rahmen der Entwicklung hochqualitativer Software stets mit zu berücksichtigen.

Des Weiteren stehen die einzelnen Aspekte in Korrelation zueinander. Verändert sich einer der genannten Aspekte positiv oder negativ hat dies zwangsläufig positive oder negative Folgen für korrelierende Aspekte (vgl. HOFFMANN 2008, S.11f). Es gilt daher darauf zu achten, die Qualitätsaspekte im Gleichgewicht zu betrachten und deren Korrelation untereinander zu berücksichtigen. Es hilft beispielsweise nichts, wenn zwar eine Software vorhanden ist die sehr Benutzungsfreundlich ist, aber nicht die gestellten funktionalen Anforderungen (Funktionalität) erfüllt.

3. Elementare qualitätssichernde Prinzipien

Zur Sicherstellung einer hohen Qualität von Software können eine Reihe von elementaren Prinzipien zur Qualitätssicherung unterschieden werden. Gegenstand dieses Kapitels ist eine Betrachtung von Prinzipien, die entweder die Grundlage für eine Reihe von spezifischen Maßnahmen bilden oder deren Fokus sich nicht auf eine dedizierte Phase entlang des Entwicklungsprozess bzw. des Softwarelebenszyklus beschränkt, sondern die übergreifend einsetzbar sind.

3.1 Verifikation und Validierung

Zwei grundlegende Verfahren zur Sicherstellung einer hohen Qualität sind Verifikation und Validierung (vgl. GERLICH, GERLICH 2005, S. 168). Beide Verfahren dienen als Grundlage für weitere Maßnahmen zur Qualitätssicherung, welche in den nachfolgenden Kapiteln (vgl. Kapitel 4) beschrieben werden. Entgegen der in Kapitel 4 dargestellten Maßnahmen handelt es sich bei den Begrifflichkeiten weniger um konkrete Methoden, sondern vielmehr um zwei unterschiedliche Grundprinzipien, die in den einzelnen Maßnahmen und Methoden Anwendung finden und deren Zielsetzung eine grundlegend unterschiedliche ist.

Unter Verifikation versteht man alle Maßnahmen die eine Prüfung eines Produktes im Hinblick auf dessen Spezifikation beinhalten. Es wird überprüft, ob das Ergebnis den spezifizierten Vorgaben entspricht. Die entscheidende Fragestellung ist hierbei, ob das Produkt richtig (d.h. gemäß der Spezifikation) entwickelt wurde (vgl. SCHATTEN u.a. 2010, S. 116). Die Verifikation lässt sich an unterschiedlichen Stellen des Entwicklungsprozess einsetzten. Beispielsweise kann der Test einer Komponente als Verifikation dienen, ob diese Komponente gemäß der Komponentenspezifikation entwickelt wurde. Ebenso lässt sich prüfen ob der Systementwurf der Spezifikation entspricht.

Die Validierung hingegen umschreibt alle Maßnahmen die mit der Prüfung der korrekten Umsetzung der Kundenanforderungen in Verbindung stehen (vgl. GERLICH, GERLICH 2005, S. 171). Validierung dient zur Überprüfung der erstellten Spezifikation gegenüber den Kundenanforderungen oder in späteren Schritten zur Kontrolle der umgesetzten Lösung in Hinblick auf die Kundenanforderungen. Die zentrale Fragestellung im Rahmen der Validierung ist, ob das richtige Produkt entwickelt wurde, also ob die entwickelte Lösung den gestellten Kundenanforderungen entspricht.

Typischerweise ist die Trennung von Maßnahmen die zur Verifikation bzw. Validierung eingesetzt werden nicht immer ganz eindeutig (vgl. SCHATTEN u.a. 2010, S. 116f). Entscheidend ist jedoch die unterschiedliche Zielsetzung beider Prinzipien.

3.2 Reviews

Eine frühzeitige Erkennung von Qualitätsmängeln im Entwicklungsprozess ist ein wesentlicher Faktor für den Erfolg von Softwareprojekten. Ein weiteres grundlegendes Prinzip zur Entwicklung hochqualitativer Software bilden daher Reviews. Software Reviews stellen Methoden zur Verbesserung der Qualität sowohl in Prozessen, als auch in Softwareprodukten, dar (vgl. SCHATTEN u.a. 2010, S. 117). Die Zielsetzung eines Reviews ist es einen Fehler möglichst frühzeitig in unterschiedlichen Ergebnissen im Rahmen des Entwicklungsprozess bzw. des Softwarelebenszyklus zu finden (z.B. Dokumenten, Code, Komponenten, Modulen, dem Endprodukt, etc.).

Eine formale Definition für Reviews liefert die Norm IEEE 610 als *„ein formelles Treffen, bei dem ein Produkt oder Dokument dem Benutzer, Kunden oder anderen interessierten Personen vorgelegt wird, um es zu kommentieren und abzusegnen"* (vgl. SCHATTEN u.a. 2010, S. 117). Aufgrund der universellen Anwendbarkeit von Reviews ist es naheliegend, dass Reviews in unterschiedlichen Stellen entlang des Entwicklungsprozess Anwendung finden und deren Einsatz nicht auf einzelne Phasen oder Zwischenergebnisse beschränkt ist. Abhängig Ihrer Anwendung eignen sich unterschiedliche Reviewtypen. Abbildung 3-1 gibt einen Überblick über die wichtigsten Formen von Reviews. Die Wahl des Reviewtypen ist im Wesentlichen davon abhängig, in welcher Phase dieser angewendet werden soll und ob er mit oder ohne Kundenbeteiligung stattfindet (vgl. SCHATTEN u.a. 2010, S. 118f).

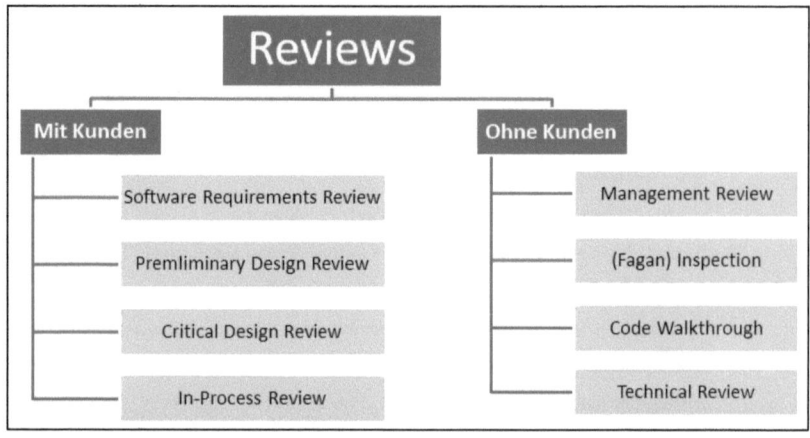

Abb. 3-1:   Reviewtypen (i.A.a. SCHATTEN u.a. 2010, S.118)

Zu den Reviews mit Kundenbeteiligung zählen (vgl. SCHATTEN u.a. 2010, S. 118f):

1. **Software Requirements Review (SRR)**

    Ziel des SRR ist es, nach der Definition der Anforderungen und der Fertigstellung der Spezifikation ein Review durchzuführen, um alle Unklarheiten sowohl seitens des Kunden als auch des Entwicklerteams auszuräumen. Hierbei kann nochmals überprüft werden, ob die Spezifikation den Kundenanforderungen entspricht, bevor die Phase des Entwurfs bzw. Designs startet.

2. **Preliminary Design Review (PDR)**

    PDR finden im Rahmen der Entwurfsphase statt und dienen zur Überprüfung des Entwurfs der Software-Architektur und der Grobstruktur des Produktes um sicherzustellen, dass diese alle wesentlichen Anforderungen berücksichtigen, bevor die Entwürfe im Detail ausgearbeitet werden.

3. **Critical Design Review (CDR)**

    Insbesondere bei kritischen Komponenten bietet sich ein CDR an, um vor der Implementierung der Komponenten diese erneut kritisch zu prüfen und zu analysieren.

4. **In-Process Review (IPR)**

    Bei großen und komplexen Projekten, deren Projektlaufzeit sich über einen langen Zeitraum erstreckt, bieten sich IPR an, um dem Kunden Fortschritte in der Implementierung, Prototypen oder auch Testfälle zum Review zur Verfügung zu stellen.

Reviews ohne Kundenbeteiligung sind (vgl. SCHATTEN u.a. 2010, S. 119f):

5. **Management Review**

    Die Intention von Management Reviews ist die formale Bewertung und Analyse des Entwicklungsprojektes und dessen aktuellem Projektstatus um ggfs. Maßnahmen einzuleiten. Management Reviews werden in der Regel im Projektplan in Anlehnung an die einzelnen Entwicklungsphasen definiert, können aber auch bei geänderten Rahmenbedingungen (z.B. neue Projektziele) Anwendung finden.

6. **(Fagan) Inspection / Code Walkthrough**

    Bei Inspection oder dem Code Walkthrough handelt es sich um formale Maßnahmen, die zur Überprüfung der Qualität des Sourcecode angewendet werden. Ziel ist es Fehler im Code oder Design schon in frühen Phasen zu finden.

7. Technical Review

Technische Reviews dienen zur technischen Überprüfung eines bestimmten Teils einer Software (z.b. eine Komponenten oder ein Modul) hinsichtlich der Spezifikation, des Entwurfs oder geltenden Standards.

Neben der Auswahl des richtigen Reviewtypen und der Entscheidung über deren Häufigkeit stellen weitere organisatorische Rahmenbedingungen des Reviews eine große Rolle dar (vgl. SCHATTEN u.a. 2010, S. 120-122): Für die Größe eines Reviewteams bietet sich eine Anzahl von vier bis sechs Personen an, wobei die Personen unterschiedliche Rollen wahrnehmen sollten (Moderator, Gutachter, Leser, Schreiber, ...). Der Ablauf des Reviews sollte im Vorfeld definiert werden und durch den Moderator gesteuert werden. Hierbei bieten sich die aufeinanderfolgenden Phasen Planung, Vorbereitung, Durchführung, Dokumentation und Nachbereitung an.

3.3 Dokumentation

Einen weiteren zu berücksichtigenden Faktor für die Entwicklung hochqualitativer Software stellt der Bereich der Dokumentation dar. Der Begriff Dokumentation bezeichnet sowohl den Prozess (also das Dokumentieren), als auch das Ergebnis dieser Tätigkeit: die Dokumentation (vgl. LEHNER 1994, S. 15). Eine Dokumentation sollte stets bestimmte Funktionen erfüllen und einige Kriterien aufweisen. Zu den Hauptfunktionen einer Dokumentation gehören:

1. **Anleitungsfunktion**

   Die Anleitungsfunktion dient zur Arbeitsanleitung, zur Fehlerbehandlung und Unterbrechungsbehandlung, aber auch als Arbeitsgrundlage zur Vermeidung von Mehrfachentwicklungen sowie zur Softwarepflege (vgl. LEHNER 1994, S. 6). Der wesentliche Nutzen der Dokumentation zeigt sich hier insbesondere nach der Einführung eines Softwareproduktes.

2. **Kontroll- und Nachweisfunktion**

   Die zweite Hauptfunktion von Dokumentationen kommt gegenüber internen und externen Prüfungen zum Tragen (beispielsweise für Produkthaftungen oder Zertifizierungen). Außerdem dient die Kontroll- und Nachweisfunktion der Fortschrittskontrolle im Kontext des Projektes (vgl. GREIF, SCHREPF 2002, S 5.).

3. **Kommunikationsfunktion**

   Die Kommunikationsfunktion bildet die letzte Hauptfunktion der Softwaredokumentation. Im Vordergrund bei der Kommunikationsfunktion steht die Schaffung einer einheitlichen Kommunikationsbasis und der Transparenz bei allen Beteiligten (vgl. GREIF, SCHREPF 2002, S 7).

Alle genannten Funktionen müssen bei der inhaltlichen Gestaltung mit Berücksichtigung finden. Unabhängig Ihrer Funktion sollte eine Dokumentation bestimmten Kriterien genügen. Diese sind (i.A.a. HOFFMANN 2008, S.143):

- Vollständigkeit
- Eindeutigkeit
- Widerspruchsfreiheit
- Verständlichkeit

Basierend auf den genannten Funktionen einer Dokumentation und deren Qualitätskriterien, lassen sich verschiedene Kategorien von Dokumenten unterscheiden. Zunächst kann zwischen internen und externen Dokumenten unterschieden werden (vgl. HOFFMANN 2008, S.141):

- **Interne Dokumente**

  Dieser Bereich umfasst alle Dokumente, die für den Kunden bzw. den Auftraggeber nicht zugänglich sind. Hierzu zählen unter anderem die Programmdokumentation, Notationsrichtlinien oder Sprachkonventionen.

- **Externe Dokumente**

  Externe Dokumente hingegen sind Dokumente die dem Kunden bzw. dem Auftraggeber ausgeliefert werden bzw. von diesem eingesehen werden dürfen. Hierzu gehören beispielsweise Handbücher oder Texte von Online-Hilfen.

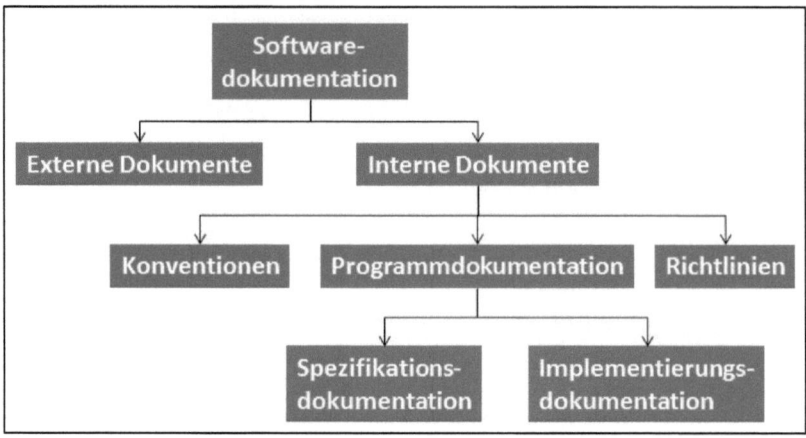

Abb. 3-2: Ausschnitt der Kategorisierung von Dokumentationen (i.A.a. HOFFMANN 2008, S.142)

Neben einer Unterscheidung nach dem Zugriffsbereich der Dokumente lassen sich diese auch nach Ihrem Zweck unterscheiden (vgl. Abbildung 3-2). Im Fokus der internen Dokumente steht die Programmdokumentation. Diese umfasst die Spezifikationsdokumentation und die Implementierungsdokumentation. Die Spezifikationsdokumentation beschreibt was die Software tut. Hingegen beschreibt die Implementierungsdokumentation wie die Software die spezifizierten Punkte tut (vgl. HOFFMANN 2008, S.142).

Eine besondere Herausforderung stellt der Bereich der internen Dokumentation dar. Bei den externen Dokumenten ist der Auftragnehmer ohnehin durch den Auftragsumfang verpflichtet diese Dokumente zu erstellen (z.B. die Erstellung von Hilfetexten). Die internen Dokumente hingegen weisen oftmals keine Verbindlichkeit auf, sondern es kann Unternehmens- bzw. Projektspezifisch entschieden werden, welche der Dokumente erstellt werden. Es empfiehlt sich frühzeitig zu definieren, was, in welcher Form und an welcher Stelle im Projekt dokumentiert wird. Insbesondere für den Bereich der herstellerorientierten Qualitätsaspekte ist eine durchgängige Dokumentation elementar und stellt somit einen wesentlichen Erfolgsfaktor für die Entwicklung hochqualitativer Software dar.

4. Qualitätssichernde Maßnahmen im Softwarelebenszyklus

Neben einem Einsatz von grundlegenden und generellen Prinzipien zur Erreichung von hochqualitativer Software, können auch bestimmte Methode gezielt in unterschiedlichen Phasen der Softwareentwicklung und des Softwarelebenszyklus angewendet werden. Dies ist vor allem dann sinnvoll, wenn Qualitätsdefizite innerhalb einer Phase auftreten und diesen entgegengewirkt werden soll. Dieses Kapitel befasst sich daher mit qualitätssichernden Maßnahmen die entlang einzelner Phasen des Softwarelebenszyklus eingesetzt werden können.

4.1 Der Softwarelebenszyklus

Der Softwarelebenszyklus kann als eine Reihe von aufeinanderfolgenden Phasen bzw. Aufgaben im Rahmen der Entwicklung von Software verstanden werden. Jede dieser Phasen repräsentiert hierbei eine bestimmte Ansammlung von gleichartigen Aufgaben mit dem Ziel ein bestimmtes Ergebnis zu definieren (i.A.a. BALZERT 2011, S. 1). Abbildung 4-1 stellt diese grundlegenden Phasen dar. Entscheidend ist dabei, dass bei fast allen Phasen eine Rückkopplung zur vorhergehenden Phase erfolgen kann und eine Verknüpfung bzw. Beziehung der einzelnen Phasen untereinander fast immer gegeben ist.

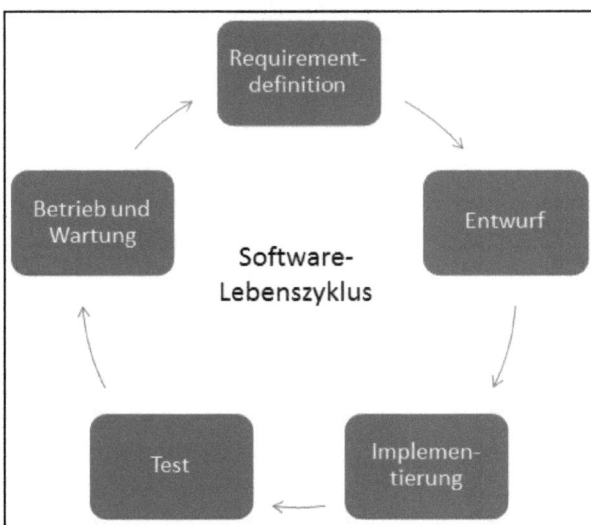

Abb. 4-1: Vereinfachte Darstellung des Softwarelebenszyklus (i.A.a. SOMMERVILLE 2007, S.66; BALZERT 2011, S.1)

Die konkrete Ausgestaltung (d.h. in welchem Ausmaß und an welcher Stelle im Prozess welche Phase angewendet werden soll) ist in hohem Maße von der Wahl des jeweiligen

Vorgehensmodells abhängig. Dennoch dienen die Phasen Requirementdefinition, Entwurf, Implementierung, Test, Betrieb und Wartung als Grundpfeiler eines jeden Softwarelebenszyklus und sollen daher im Folgenden für die Beschreibung einzelner qualitätssichernder Maßnahmen herangezogen werden.

4.2 Anforderungsanalyse und Spezifikation

In der Phase der Requirementdefinition (auch Anforderungsanalyse und -spezifikation) werden alle Anforderungen die an die zukünftige Softwarelösung existieren aufgenommen und erfasst. Anforderungen sind hierbei alle Funktionalitäten die ein System zur Verfügung stellen soll sowie die Beschreibung der zugehörigen Rahmenparameter (vgl. SOMMERVILLE 2007, S.118).

SOMMERVILLE (2007, S.118) differenziert weiterhin zwischen User Requirements und System Requirements. User Requirements stellen hierbei aus Anwendersicht eine sehr grobe Beschreibung dessen dar, was die Software an Funktionalität zur Verfügung stellen soll. System Requirements hingegen bezeichnen die detaillierte Beschreibung davon, wie das System agieren soll. Eine derartige Unterscheidung und Detaillierung der Anforderung kann insbesondere für die Kommunikation mit unterschiedlichen Zielgruppen relevant sein.

Neben einer Unterscheidung nach Detaillierungsgrad bzw. Perspektive aus der die Anforderungen erfasst wurden, können diese auch in zwei grundlegende Kategorien aufgeteilt werden (vgl. GRANDE 2011, S. 37):

- **Funktionale Anforderungen**

  Dies sind alle Anforderungen die konkret beschreiben, was das System tun soll. Beispielsweise wäre die Anforderung „Das System soll die Summe aller Umsätze eines Quartals ausgeben können" eine funktionale Anforderung.

- **Nicht funktionale Anforderungen**

  Nicht funktionale Anforderungen sind solche Anforderungen die nicht direkt in Abhängigkeit einer spezifischen Funktionalität des Systems stehen, sondern Systemeigenschaften beschreiben. Beispielsweise wäre die Anforderung „Die Reaktionszeit des Systems zum Öffnen einer Standardpage darf nicht länger als 2 Sekunden betragen" eine nicht-funktionale Anforderung an die Performance des Systems.

Ziel der Phase der Anforderungsanalyse und Spezifikation ist es, gemeinsam mit dem Auftraggeber bzw. späteren Anwendern des Systems alle funktionalen und nicht-funktionalen Anforderungen an das System zu ermitteln und in einer standardisierten Form zu beschreiben. Als Ergebnis dieser Phase dient oftmals die sogenannte SRS (Software Requirements

Specification) die häufig auch Bestandteil von Ausschreibungen und Verträgen bei externer Softwareentwicklung wird (vgl. SOMMERVILLE 2007, S.136).

Der Einfluss der Anforderungsdefinition und –spezifikation auf die Qualität von Software ist enorm, weshalb dieser Phase im Softwarelebenszyklus ein besonderer Stellenwert zukommt. Die definierten Anforderungen repräsentieren die „reale Welt" und drücken das gewünschte Verhalten der Software aus Nutzersicht aus. Zusätzlich stellt die Anforderungsdefinition und Anforderungsspezifikation ein gemeinsames Verständnis der beteiligten Personen her (vgl. SCHATTEN u.a. 2010, S.19). Eine vollumfängliche und detaillierte Beschreibung der Anforderungen ist daher ausschlaggebend dafür, ob die geforderten Qualitätsaspekte aus Anwendersicht erfüllt werden.

Des Weiteren bilden die beschriebenen Anforderungen die Grundlage für die Arbeit in allen weiteren Phasen (i.A.a. SCHATTEN u.a. 2010, S.19). Der Softwareentwurf orientiert sich beispielsweise an der Spezifikation und die Testphase richtet sich stark an Anforderungsdefinition und –spezifikation aus (vgl. BALZERT 2011, S. 3). Die Definition von Anforderungen und deren Spezifikation kann daher als Fundament für die Qualität der weiteren Phasen und des ganzen Lebenszyklus verstanden werden.

4.3 Designphase

Um eine Software zu entwickeln sind, neben der Analyse und Spezifikation von Anforderungen, auch eine Vielzahl von architektonischen Entscheidungen zu treffen. Gegenstand der Entwurfs- bzw. Designphase ist es daher einen technischen Softwareentwurf und dessen zugrundeliegender Architektur zu definieren (vgl. BALZERT 2011, S. 1). Die Ausgestaltung der Architektur hat hierbei entscheidenden Einfluss auf die spätere Phase des Betriebs und der Wartung im Softwarelebenszyklus. Eine konkrete qualitätssichernde Maßnahme innerhalb der Designphase bildet daher die Architekturevaluierung.

Im Rahmen der Architekturevaluierung sollen Qualitätsdefizite im Architekturdesign festgestellt werden, die sich später negativ auf den Betrieb und die Wartung der Software auswirken. Es ist daher zielführend bereits im Rahmen des Softwaredesigns sich Gedanken darüber zu machen, welche möglichen Änderungen künftig erforderlich sein könnten und das Design entsprechend darauf auszurichten.

Die Maßnahme Architecture Tradeoff Analysis Method (ATAM) ermöglicht eine systematische Evaluierung von unterschiedlichen Architekturvarianten als Entscheidungsbasis für das Entwicklerteam (vgl. SCHATTEN u.a. 2010, S.129). Ziel dieser Methode ist es mögliche Architekturvarianten zu ermitteln und diese in Hinblick auf definierte Qualitätsmerkmale zu prüfen.

Zusätzlich sollen frühzeitig Risiken und nicht-Risiken in Bezug auf die Entwicklung und die Betriebs- und Wartungsphase gefunden werden.

Der ATAM-Prozess umfasst neun Schritte, die sich in vier grundlegende Phasen unterteilen lassen: Vorbereitungs- und Präsentationsphase, Untersuchungs- und Analysephase, Testphase und Berichterstattungsphase. Die einzelnen Schritte innerhalb der Architekturevaluierung sind (i.A.a. KAZMANN u.a. 1998, S. 5; vgl. SCHATTEN u.a. 2010, S.130-132):

Phase Vorbereitung und Präsentation

1. ATAM-Präsentation: Im ersten Schritt wird die ATAM-Methode und die verwendeten Techniken vorgestellt, um ein gemeinsames Grundverständnis aller Beteiligten zu erhalten.

2. Präsentation der Business Driver: Zur Generierung einer gemeinsamen Sicht auf die zukünftige Softwarelösung werden die wichtigsten funktionalen Anforderungen, Zielsetzungen, Rahmenbedingungen und adressierten Qualitätsmerkmale vorgestellt.

3. Präsentation der zu evaluierenden Basisarchitektur: In diesem Schritt wird die grundlegende Architektur des späteren System vorgestellt und noch offene Fragen geklärt bzw. adressiert.

Phase Untersuchung und Analyse

4. Identifikation alternativer Architekturvarianten: Im Rahmen dieses Schrittes werden mögliche Architekturvarianten evaluiert, die den geforderten Qualitätsmerkmalen gerecht werden. Die Identifikation der unterschiedlichen Architekturvarianten findet durch das Architekturteam statt.

5. Erstellung der Utility Trees: Die Identifikation und Priorisierung der wichtigsten, nicht funktionalen Qualitätsanforderungen ist Bestandteil dieses Schritts. Als Ergebnis entsteht ein sogenannter Utility Tree, der priorisierte Qualitätsmerkmale in Form von Szenarien darstellt, wobei die Szenarien die Basis für die weiteren Analysen bilden.

6. Grobanalyse möglicher Architekturvarianten: Die zuvor identifizierten Architekturvarianten werden unter Berücksichtigung des Utility Trees im Rahmen dieses Schritts bewertet. Wichtig ist hierbei ob die einzelnen Varianten den definierten Anforderungen aus Schritt 5 gerecht werden können.

Phase Test

7. Finden und priorisieren von Szenarien: Basierend auf den in Schritt 5 bereits definierten Szenarien, werden in diesem Schritt weitere Szenarien gesammelt und priorisiert.

8. <u>Detailanalyse und Test der Architekturvarianten:</u> Die zuvor zusätzlich definierten Szenarien dienen nun im Schritt 8 einer letzten Detailanalyse der Architekturvarianten. Im Grunde handelt es sich hierbei um eine Wiederholung von Schritt 6, allerdings werden in diesem Schritt die ermittelten Szenarien als Testfälle für die Architekturvarianten verwendet. Letztlich wird in diesem Schritt auch die später verwendete Architekturvariante ausgewählt.

Phase Berichtserstattung

9. <u>Präsentation der Ergebnisse:</u> Im letzten Schritt werden die gewonnen Erkenntnisse aller Varianten zusammengefasst und Detailinformationen über die gewählte Variante präsentiert.

4.4 Realisierungs- und Implementierungsphase

Gegenstand der Realisierungs- und Implementierungsphase ist die Programmierung der einzelnen Komponenten durch den Entwickler, gemäß der zuvor definierten Spezifikation und des Entwurfs. Die einzelnen Komponenten werden dann zu größeren Einheiten zusammengesetzt, bis letztlich das fertige Softwareprodukt entsteht (vgl. SCHATTEN u.a. 2010, S.32).

Die Realisierungs- und Implementierungsphase nimmt mit der Entwicklung mit den größten Stellenwert für die spätere Qualität der Software ein. Daher lohnt sich der Einsatz verschiedener Maßnahmen, um eine Entwicklung hochqualitativer Software zu ermöglichen. Als konkrete qualitätssichernde Prinzipien innerhalb der Realisierungs- und Implementierungsphase können die folgenden Maßnahmen ergriffen werden.

Software Richtlinien und Code Quality Checks

Software Richtlinien können als eine Menge von Konventionen verstanden werden, die den Gebrauch einer Programmiersprache regelt. Die Vorgaben dieser Konventionen gehen hierbei deutlich über die syntaktischen und semantischen Restriktionen der Programmiersprache hinaus. Der Einsatz von Softwarerichtlinien macht insbesondere aus folgenden Gründen Sinn (vgl. HOFFMANN 2008, S.65):

- **Vereinheitlichung**

  Die meisten Softwareentwickler entwickeln im Laufe ihrer Karriere eine Vorliebe bzw. Präferenz für den Umgang mit einer Programmiersprache. Nimmt diese individuelle Präferenz überhand, kann dies insbesondere in großen, verteilten Softwareentwicklungsprojekten zu negativen Folgen führen. Software Richtlinien können diesem Problem durch eine einheitliche Vorgabe entgegenwirken.

- **Fehlerreduktion**

  Zusätzlich können Software Richtlinien durch Sprachkonventionen bestimmte Lö-sungsmuster und Vorgehensweisen verbindlich vorschreiben (z.b. der Verbot fehler-trächtiger Fallkonstrukte), wodurch bekannte Fehler und Fallstricke in der Entwicklung vermieden werden können.

Man unterscheidet bei der Erstellung von Software Richtlinien zwischen Notationskonventionen und Sprachkonventionen. Vorgaben im Bereich der Notationskonventionen beschränken sich auf syntaktische Aspekte. Dazu gehören unter anderem (vgl. HOFFMANN 2008, S.66):

- Auswahl und Schreibweise von Bezeichnern.
- Einrückungscharakteristik und die Verwendung von Leerzeichen.
- Aufbau von Kontrollstrukturen.
- Dokumentation im Quelltext.

Im Vergleich zu Notationskonventionen adressieren Sprachkonventionen die semantischen Besonderheiten einer Sprache (vgl. HOFFMANN 2008, S.73). Hierunter fallen beispielsweise der Ausschluss von bestimmten Befehlskonstrukten oder die Vorgaben für die Implementierung verschiedener Befehle.

Für die Umsetzung einer Software Richtlinie kann auf bestehende Regelsätze zurückgegriffen werden (z.B. MISRA) und es sollten alle unternehmens- bzw. projektspezifischen Entwicklungsvorgaben Berücksichtigung finden.

Mithilfe von Code Quality Checks kann schließlich die Qualität des erstellten Quelltexts in Bezug auf die definierte Software Richtlinie überprüft werden. Zur Automatisierung lassen sich hierzu spezielle Werkzeuge (z.B. Checkstyle) verwenden. Dadurch wird die Zusammenarbeit innerhalb verteilter Entwicklerteams vereinfacht und ein Mindeststandard für die Qualität des Quelltextes sichergestellt (vgl. SCHATTEN u.a. 2010, S.159). Letztlich wirkt sich dies auch positiv auf die spätere Qualität der Software aus.

Fehlertolerante Programmierung

Der Bereich der fehlertoleranten Programmierung fasst alle Methoden und Maßnahmen zusammen, die das Reaktionsverhalten von Software im Falle von Fehlern verbessern (vgl. HOFFMANN 2008, S. 98). Während der Absturz des Rechners bei Büroanwendungen eine ärgerliche Tatsache darstellt, ist ein Absturz des Rechners bei sicherheitskritischen Systemen ein Fiasko. Aus Sicherheitsaspekte, aber auch aus Sicht der Benutzungsfreundlichkeit kommt der fehlertoleranten Programmierung daher eine entscheidende Rolle für die

Qualitätssicherung von Software im Rahmen der Entwicklung zu. Nach HOFFMANN (2008, S.99) lassen sich verschiedene Techniken zur Erhöhung der Fehlertoleranz unterscheiden:

- **Software-Redundanz**

  Beim Prinzip der Software-Redundanz wird die Fehlertoleranz durch die künstliche Erzeugung von Redundanz erhöht.

- **Selbstüberwachende Systeme**

  Bei selbstüberwachenden Systemen wird im Rahmen der Entwicklung eine Logik implementiert, die es der späteren Software erlaubt verschiedene Arten von Selbstdiagnosen durchzuführen. Werden Fehler festgestellt, kann die Software so eigenständig darauf reagieren (z.B. durch den Wechsel in einen abgesicherten Modus).

- **Ausnahmebehandlung**

  Im Fokus der Ausnahmebehandlung stehen alle Methoden und Vorgehensweisen, die einen definierten Umgang mit eintretenden Fehlsituationen ermöglichen. Dies umfasst sowohl geplante Ausnahmen (z.B. Datei nicht gefunden), als auch ungeplante Ausnahmen (z.B. Speichermangel). Viele moderne Programmiersprachen bieten zur Ausnahmebehandlung sogenanntes Exception-Handling und Try-Catch-Blöcke an. Damit können Codeteile die zu Ausnahmen führen könnten, vorab gekapselt werden und dann durch eine entsprechende Exception-Anweisung gezielt darauf reagiert werden.

Test Driven Development

Ein weiteres Prinzip zur Qualitätssicherung in der Realisierungs- und Implementierungsphase ist das Test Driven Development. Wenn auch die klassische Testphase als analytische Qualitätssicherung eine hohe Bedeutung hat (vgl. hierzu Kapitel 4.5) ist doch deren Nachteil, dass erst relativ spät im Entwicklungsprozess auf Fehler reagiert werden kann (vgl. SCHATTEN u.a. 2010, S.153). Der Ansatz des Test Driven Development zielt daher darauf ab, Testfälle vor oder spätestens parallel zur Umsetzung zu definieren. Zusätzlich findet die Entwicklung quasi über die Tests statt (vgl. BREU u.a. 2005, S. 219).

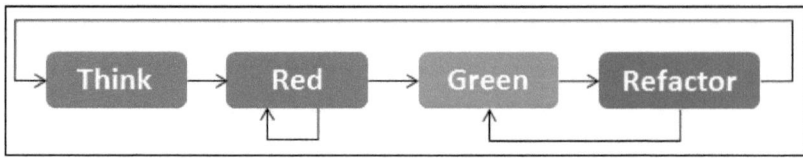

Abb. 4-2:   Phasen des Test Driven Development (i.A.a. SCHATTEN u.a. 2010, S.153)

Der Ablauf des Test Driven Development orientiert sich dabei an folgenden Phasen (vgl. SCHATTEN u.a. 2010, S.153):

1. Think: Im ersten Schritt werden die Anforderungen festgelegt, die implementiert werden sollen. Basierend auf diesen Anforderungen werden die Tests definiert. Es gilt dabei darauf zu achten, dass die Tests alle Bereiche und Individualitäten der Anforderung abdecken.

2. Red: Im folgenden Schritt wird der Test durchgeführt. Da noch kein Code implementiert wurde muss dieser fehlschlagen (Code: Red).

3. Green: Anschließend wird die Anforderung implementiert und solange getestet bzw. der Code solange korrigiert bis die Tests keine Fehler mehr signalisieren. Der Status wechselt dann in Green.

4. Refactor: Im letzten Schritt findet eine Anpassung und Optimierung des erstellten Codes statt. Da es sich hierbei wiederum um eine Anpassung handelt, müssen die Testfälle erneut durchgeführt werden. Wenn der Code nicht mehr weiter optimierbar ist und die Testfälle keine Fehler erzeugen, ist die Umsetzung der Anforderung abgeschlossen und die nächste Anforderung kann nach dem gleichem Prinzip umgesetzt werden.

4.5 Testphase

Im Rahmen der Testphase wird das entwickelte Programm mit Hilfe eines Satzes konkreter Eingabedaten ausgeführt und das daraus resultierende Ist-Ergebnis mit dem vorher definierten Soll-Ergebnis abgeglichen (vgl. HOFFMANN 2008, S.157). Ziel von Tests ist es die Differenzen von Ist- und Soll-Zustand einer Software aufzuzeigen und darauf basierend qualitätssichernde Maßnahmen einleiten zu können. Die Testphase bildet als analytische Qualitätssicherung einen entscheidenden Anteil an der letztendlichen Softwarequalität und kann daher selbst als konkrete Maßnahme aufgefasst werden (vgl. HOFFMANN 2008, S.157).

Tritt eine Differenz zwischen Ist- und Soll-Zustand einer Software auf, so spricht man von einem Fehler. Ein Fehler (im Sinne der Verifikation) ist eine Abweichung der Software von Ihrer Spezifikation bzw. wenn das Programm nicht die Aufgaben erfüllt, die ein Endbenutzer vom System erwartet (im Sinne der Validierung) (vgl. SCHATTEN u.a. 2010, S. 133). Eine etwas differenziertere Betrachtung des Fehlerbegriffs erlaubt die englische Sprache. Hier wird zwischen Error, Fault und Failure unterschieden. Ein Error beschreibt in erster Linie die Prozessqualität und liegt dann vor, wenn eine Aktivität durchgeführt wird, die zu inkorrekten Ergebnissen führt (z.B. ein Tippfehler im Sourcecode). Ein Error wird zum Fault, wenn dadurch ein System dazu gebracht wird eine Funktion nicht oder Fehlerhaft auszuführen. Ein Fault ist daher direkt mit der Produktqualität assoziierbar. Als weitere Folge beschreibt ein Failure die Abweichung vom tatsächlichen Ergebnis und vom erwarteten Ergebnis in der Betriebsphase. Failures haben daher direkte Auswirkungen auf die Qualität in der Verwendung (vgl. SCHATTEN u.a. 2010, S. 133). Abbildung 4-2 verdeutlicht den Zusammenhang der erläuterten Begrifflichkeiten.

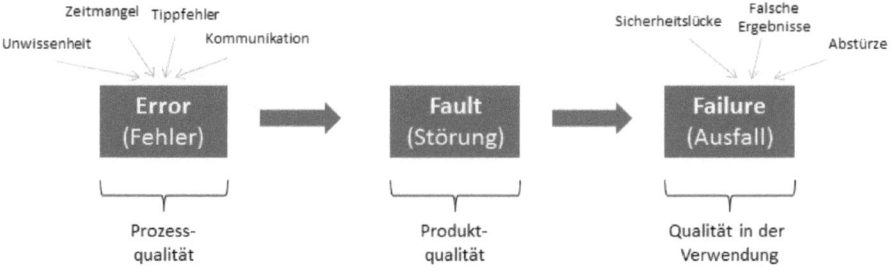

Abb. 4-3: Fehler im Softwaretest: Error, Fault und Failure (i.A.a. SCHATTEN u.a. 2010, S.134)

Ein Test findet an unterschiedlichen Stellen im Rahmen des Entwicklungsprozess statt. Der eigentliche Testprozess ist aber immer ähnlich aufgebaut. Der Testprozess ist dabei in verschiedene Phasen aufgeteilt (vgl. Abbildung 4-4) und sieht unterschiedliche Rollen vor. So verantwortet der Testmanager den gesamten Testprozess, während der Testentwickler für die Realisierung der Testfälle verantwortlich ist, die letztlich durch den Tester getestet werden.

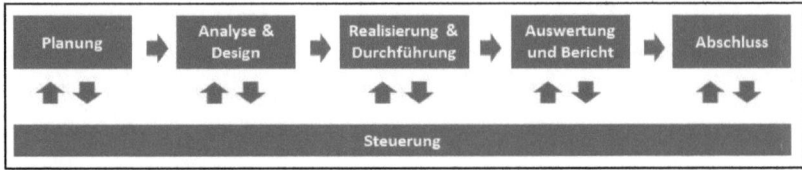

Abb. 4-4:   **Grundlegender Ablauf von Softwaretests (i.A.a. SCHATTEN u.a. 2010, S.136)**

Zuerst findet eine Planungsphase statt. Dort wird die Teststrategie festgelegt, der Zeitraum definiert und die verschiedenen Rollen zugeordnet. In der darauffolgenden Phase werden die Testfälle definiert und ausgestaltet. Während der Phase der Realisierung und Durchführung werden die Testfälle priorisiert, gruppiert und es wird getestet. Danach folgt die Phase der Auswertung in der das Ergebnis überprüft wird und evaluiert wird ob die Qualität der Software den Erwartungshaltungen entspricht. Innerhalb der Abschlussphase finden Rückschlüsse auf die Qualität des Produktes und die Qualität des Testprozess selbst statt. Innerhalb aller Phasen sollte eine stetige Kontrolle und Steuerung stattfinden, um auf ggfs. ändernde Rahmenbedingungen reagieren zu können (vgl. SCHATTEN u.a. 2010 136f).

Neben dem Ablauf von Tests können ebenfalls verschiedene Testebenen und Testmethoden unterschieden werden. Testebenen beschreiben hierbei welche Bereiche innerhalb der Software getestet werden und Testmethoden beschreiben wie die Tests durchgeführt werden. Zu den wichtigsten Testebenen gehören unter anderem (vgl. SCHATTEN u.a. 2010 138f):

- **Komponententest**

  Die Tests auf Komponentenebene umfassen die Überprüfung der Komponenten in Hinblick auf Fehler gegenüber der Spezifikation. Da diese Tests im Regelfall durch Entwickler durchgeführt werden, nennt man diese Tests auch Entwicklertests.

- **Integrationstest**

  Nachdem die einzelnen Komponenten erfolgreich getestet wurden, werden die im Rahmen der Realisierungs- und Implementierungsphase zu Subsystemen bzw. zum System integriert. Gegenstand des Integrationstests ist es dann das Zusammenspiel der einzelnen Komponenten über die verfügbaren Schnittstellen zu testen.

- **System-, Akzeptanz- und Abnahmetests**

  Nachdem auch die Integration der Komponenten erfolgreich getestet wurde, findet im letzten Schritt eine Überprüfung statt, ob das Gesamtsystem den Erwartungen des Kunden entspricht. Nach der Inbetriebnahme obliegt dem Auftraggeber durch den Abnahmetest die Freigabe des entwickelten Produktes.

- **Regressionstests**

  Die Regressionstests stellen eine besondere Form der Testebenen dar. Diese werden eingesetzt, wenn Änderungen bzw. Erweiterungen am System stattgefunden haben. Ziel der Regressionstests ist es dann die vorher funktionierenden Komponenten erneut zu testen und sicherzustellen, dass deren Funktionsfähigkeit noch gegeben ist. Nicht selten treten Fehler durch Erweiterungen auf, da sich dadurch das Systemverhalten geändert hat.

Zur Durchführung der einzelnen Testebenen stehen diverse Testmethoden zur Verfügung. Grundsätzlich lässt sich zwischen Black-Box-Tests und White-Box-Tests unterscheiden. Beim Black-Box-Test ist die innere Logik der Software nicht bekannt. Es gilt daher die Komponenten unabhängig ihrer Realisierung zu testen sowie nach ihrer Erfüllung der Anforderung und Spezifikation (vgl. SOMMERVILLE 2007, S.543). Beim White-Box-Test wird hingegen die innere Struktur und Implementierung berücksichtigt. Der implementierte Quelltext bildet die Grundlage für die Testfallerstellung und die Tests. Ziel dieser Methode ist es alle Codesequenzen zu testen (vgl. SOMMERVILLE 2007, S.557).

Einen letzten Blickwinkel innerhalb der Testphase bildet der Bereich der Testautomatisierung. Ziel dieser Testautomatisierung ist eine systematische, wiederholbare, nachvollziehbare und automatisierte Durchführung definierter Tests (vgl. SCHATTEN u.a. 2010, S.155). Durch spezielle Software finden die Tests voll- bzw. teilautomatisiert statt, wodurch ein hohes Maß an Qualität erzielt werden kann und die personellen Aufwände gering gehalten werden können. Insbesondere der Bereich der Regressionstests bietet sich für eine Testautomatisierung an.

4.6 Betrieb und Wartung

Betriebs- und Wartungsphase sind die letzten Phasen innerhalb des Softwarelebenszyklus. Ist dieser erfolgreich abgeschlossen, d.h. eine Software entwickelt und eingeführt, gilt es diese auch im laufenden operativen Betrieb zu betreuen und zu warten (vgl. SCHATTEN u.a. 2010, S.39).

Die Qualität von Software beschränkt sich in ihrer Betrachtung nicht nur auf den Zeitraum während der Entwicklung bzw. auf die Qualität der erstellten Software, sondern umfasst auch Aspekte die im laufenden Betrieb und in der Wartung entscheidend sind, um eine bestehende Qualität zu gewährleisten bzw. aufrechtzuerhalten. Als konkrete qualitätssichernde Prinzipien innerhalb der Betriebs- und Wartungsphase können daher die folgenden Maßnahmen unterschieden werden:

Refactoring

Der Begriff des Refactoring bezeichnet die Erneuerung der inneren Strukturen einer Software, ohne dabei seine nach außen erkennbare Logik zu verändern (vgl. KÜBECK 2009, 111). Ziel des Refactoring ist es veraltete Codebestandteile und –muster gezielt durch neue syntaktische Bausteine zu ersetzen um dem Anspruch nach Wiederverwendung gerecht zu werden und eine Wartung der bestehenden Software zu vereinfachen (vgl. HOFFMANN 2008, S.396).

Redesign

Viele langlebige Softwaresysteme erreichen irgendwann den Zeitpunkt, an dem sich eine Weiterentwicklung nicht mehr lohnt. Zwar lässt sich die „Alterung" von Software durch qualitätssichernde Maßnahmen (z.B. Refactoring) verzögern, jedoch niemals völlig aufhalten.

Zwangsläufig muss die Software an einem bestimmten Zeitpunkt partiell oder komplett neu entwickelt werden, um eine hochqualitative Software zur Verfügung zu haben bzw. den Qualitätsaspekten gerecht zu werden. Dieser Prozess wird als Redesign bezeichnet (vgl. HOFFMANN 2008, S.407).

Im Gegensatz zum Refactoring, das sich auf die inneren Strukturen einer Software beschränkt, werden beim Redesign auch die äußeren Schnittstellen mit betrachtet. Damit sollen Altlasten und Qualitätsdefizite die sich im Laufe des Betriebs aufgetan haben eliminiert werden (vgl. HOFFMANN 2008, S.407).

Für ein Redesign gilt es festzulegen, wann der Redesign des Systems optimaler Weise beginnt. Oftmals handelt es sich hierbei um eine Gradwanderung zwischen Refactoring und Redesign. Zusätzlich sollte ein Transition Szenario definiert werden, dass den Umgang mit dem bestehenden System während der Entwicklung und in der Übergangsphase klar definiert (vgl. HOFFMANN 2008, S.407).

5. Einfluss des Managements auf hochqualitative Software

Standardisierte Prinzipien und Methoden (wie in Kapitel 3 und 4 beschrieben) zur Überprüfung und Sicherstellung von Qualität geben zwar einen Rahmen vor, können aber alleine für die Entwicklung hochqualitativer Software nicht ausreichen. Die Art und Weise wie diese Prinzipien und Methoden angewendet werden und die Fragestellung deren Integration in den Softwarelebenszyklus hängt stark von unterschiedlichen Managemententscheidungen ab. Dieses Kapitel befasst sich daher mit unterschiedlichen Perspektiven des Managements und deren Einfluss auf die Entwicklung hochqualitativer Software.

5.1 Grundlegende Managemententscheidungen

Es können eine Hand von Managemententscheidungen herausgehoben werden, die unmittelbar auf die Entwicklung hochqualitativer Software Einfluss haben. Während die zuvor definierten Maßnahmen zur Qualitätssicherung einen Baukasten an möglichen Methoden zur Verfügung stellen, sind die nachfolgenden Managemententscheidungen ausschlaggebend dafür wie und in welcher Form diese innerhalb eines Softwareentwicklungsprojektes Anwendung finden. Sie definieren daher in hohem Maße die Prozessqualität, die sich unmittelbar auf die spätere Produktqualität auswirkt.

- **Wahl des Vorgehensmodell**

    Durch ein Vorgehensmodell wird definiert, wie der Softwareentwicklungsprozess im Detail abläuft. Ein Vorgehensmodell zerlegt dabei den Projektablauf in unterschiedliche, zeitlich und inhaltlich beschränkte Phasen und beschreibt deren Abfolge (i.A.a. SOMMERVILLE 2007, S.64). Vorgehensmodelle sind stets idealisierte Modelle, die in der Praxis selten eins zu eins Anwendung finden. Oftmals findet eine Kombination unterschiedlicher Vorgehensmodelle statt (vgl. HOFFMANN 2008, S.407). Einige der wichtigsten Vorgehensmodelle sind: Wasserfallmodell, Spiralmodell, V-Modell oder Extreme Programming. Die Wahl des richtigen Vorgehensmodells bzw. der richtigen Kombination ist entscheidend darüber, welche qualitätssichernden Maßnahmen an welcher Stelle innerhalb des Softwareentwicklungsprozess getroffen werden können.

- **Selektion der qualitätssichernden Maßnahmen**

    Es gilt zu Beginn des Projektes festzulegen, welche qualitätssichernden Maßnahmen innerhalb des gewählten Vorgehensmodells Anwendung finden. Zusätzlich ist zu definieren in welcher Form und zu welchem Zeitpunkt diese Maßnahmen durchgeführt werden (bei bestimmten Meilensteinen, wiederholend, etc.). Die Auswahl der

Maßnahmen hat direkten Einfluss auf die Qualität des Projektes, aber auch auf dessen Kosten und Projektlaufzeit.

- **Einfluss des Projektmanagements**

  Das Projektmanagement umfasst alle Tätigkeiten und Handlungen, die zur Steuerung des Projektablaufes gemäß dem definierten Plan dienen. Es gilt hierbei insbesondere die drei konkurrierenden Dimensionen Zeit, Budget und Qualität so zu kombinieren, dass am Ende ein Softwareprodukt entsteht, dass innerhalb der Zeit- und Budgetplanung erstellt wurde und noch zusätzlich den nötigen Qualitätsstandards entspricht (vgl. FRÜHAUF, LUDEWIG, SANDMAYR 2011, S.23f).

5.2 Reifegradmodelle

Neben der Bedeutung grundlegender Managemententscheidungen, können auch eine Reihe von Reifegradmodellen unterschieden werden. Der Fokus von Reifegradmodellen liegt insbesondere auf der Optimierung der Prozessqualität. Da sich die Prozessqualität direkt auf die spätere Qualität des Softwareproduktes auswirkt, kann es sinnvoll sein, den verschiedenen Anforderungen und Mindeststandards aus Reifegradmodellen gerecht zu werden. HOFFMANN (2008, S. 514f) beschreibt einige Charakteristika die auf alle gängigen Modelle zutreffen:

- **Stufen**

  Stufenmodelle dienen zur Beschreibung der Reife einer Organisation. Es kann dabei das Unternehmen als Ganzes betrachtet werden oder spezifische Schlüsselbereiche individuell bewertet werden. Die einzelnen Stufen werden nacheinander durchlaufen, sodass keine Stufe übersprungen werden kann.

- **Anforderungen und Maßnahmen**

  Jede Stufe innerhalb des Reifegradmodells ist mit bestimmten Anforderungen verknüpft, die zur Erreichung dieser Stufe erfüllt sein müssen. Oftmals geben die Reifegradmodelle bestimmte Maßnahmen mit, die für die Erreichung dieser Anforderungen hilfreich sind.

- **Assessments**

  Die Bewertung der Reife von Unternehmen bzw. einzelnen Schlüsselbereichen findet durch sogenannte Assessments statt. Dabei werden die Arbeitsabläufe und Strukturen analysiert und mit den Anforderungen des Reifegradmodells abgeglichen. Daraus ergibt sich die jeweils erreichte Stufe im Reifegradmodell.

Zu den wichtigsten Vertretern von Reifegradmodellen zählen die ISO-Norm 15504 (SPICE) und CMMI, die im Folgenden näher beschrieben werden.

ISO 15504 (SPICE)

SPICE (Software Process Improvement and Capability dEtermination) beschreibt ein in den Neunzigerjahren ins Leben gerufenes Projekt der International Organisation for Standardization (ISO) und der International Electrotechnical Commission (ISE) (vgl. HOFFMANN 2008, S. 535). In seiner letzten Form ist SPICE in der ISO Norm 15504 erschienen und beschreibt eine Reihe von Anforderungen die durch eine Methode oder ein Modell zu erfüllen sind (vgl. LIGGESMEYER 2009, S. 385). In seinen Grundzügen fokussiert sich SPICE hierbei auf drei Schwerpunkte: Prozess, Prozessverbesserung und Prozessbestimmung (vgl. HOFFMANN 2008, S. 535). Im Mittelpunkt dieser Punkte steht das Prozess-Assessment, mit dem die Reife von Unternehmensprozessen strukturiert bewertet und Vorschläge zur Optimierung unterbreitet werden. Für die Durchführung von Prozess-Assessments legt SPICE zwei Dimensionen fest:

- **Prozessdimension**

  Die Prozessdimension unterscheidet in drei unterschiedliche Prozesskategorien, die eine inhaltliche Gruppierung der Arbeitsabläufe in Unternehmen vornehmen (vgl. HOFFMANN 2008, S. 536-538):

  o Primary Life Cycle Process: Hier finden sich alle Aktivitäten wieder die sich in direkter Weise mit der Durchführung eines Projektes beschäftigen (z.B. kunden- und lieferantenbezogene Prozesse wie Support und Beratung, auf die Produkterstellung bezogene Prozesse wie Anforderungsanalyse, Test, Wartung, etc.)

  o Organizational Life Cycle Process: Diese Kategorie deckt die klassischen Bereiche des Software-Managements ab und umfasst die Projektplanung, Qualitäts- und Risikomanagement sowie die Koordination von Zulieferern und Lieferanten.

  o Support: Diese Kategorie subsummiert alle Prozesse die eine unterstützende Funktion für alle anderen Prozesse bieten. Hierunter fallen beispielsweise die Dokumentation oder generell die Qualitätssicherung.

Jeder dieser Prozesse ist mit definierten Zielen ausgestattet. Um ein Unternehmen in die Lage zu versetzen diese Ziele zu erfüllen, wird jeder Prozess durch eine Menge von Best Practices beschrieben

- **Reifegraddimensionen**

  Die zweite Dimension von SPICE befasst sich mit der Reife der Prozesse eines Unternehmens. Hierzu enthält SPICE 6 Reifegrade, die eine Beurteilung der Reife von Prozessen durch festgelegte Prozessattribute ermöglichen (vgl. WALLMÜLLER 2001, S. 101). So besagt beispielsweise die Reifegradstufe 0, dass ein ausgeführter Prozess nicht erkennbar ist. Entscheidend dabei ist, dass nicht die Reife der Organisation, sondern der Prozesse bewertet wird (vgl. HOFFMANN 2008, S. 539).

Capability Maturity Model Integrated

Die Grundprinzipien von SPICE erfüllend, beschreibt das Capability Matruity Model Integrated (CMMI) ein weiteres Reifegradmodell (vgl. REZAGHOLI 2004, S. 23). CMMI ist die inhaltliche Weiterentwicklung vom Capability Maturity Model (CMM) und vereinigt verschiedene Anwendungsdomänen (z.B. Software Engineering, Integrated Product Development, Human Resources) (vgl. HOFFMANN 2008, S. 530). Das CMMI besteht in seinem Aufbau aus folgenden Dimensionen:

- **Reifegrade (maturity Levels)**

  Die verschiedenen Reifegrade dienen zur Bewertung der Prozessqualität eines Unternehmens. CMMI sieht folgende Reifegrade vor (vgl. HOFFMANN 2008, S. 533):
  - o Stufe 0: Incomplete
  - o Stufe 1: Performed
  - o Stufe 2: Managed
  - o Stufe 3: Defined
  - o Stufe 4: Quantitatively Managed
  - o Stufe 5: Optimizing

- **Schlüsselbereiche (key process areas)**

  Jeder Reifegrad besteht aus mehreren Schlüsselbereichen (z.B. Software Quality Management). Jeder Schlüsselbereich repräsentiert dabei eine Reihe von Aktivitäten, mit der die Organisation in die Lage versetzt wird bestimmte Ziele zu erreichen, die für die Befähigung auf eine bestimmte Reifestufe relevant sind (vgl. HOFFMANN 2008, S. 521). Zusammenhängende Schlüsselbereiche werden zu Process Area Categories

(PACs) zusammengefasst. CMMI sieht die folgenden PACs vor: Process Management, Project Management, Engineering und Support (vgl. REZAGHOLI 2004, S. 24).

Durch die Gesamtbewertung mittels Maturity Levels, Key Process Areas und Process Area Categories findet eine mehrdimensionale Prozessbewertung statt, die im CMMI auch als Reifeprofil (Capability Level Profile) bezeichnet wird (vgl. HOFFMANN 2008, S. 533).

Grundsätzlich helfen Reifegradmodelle, unabhängig von deren spezifischen Ausprägung, bei der Bewertung und Optimierung der Prozessqualität in einem Unternehmen. Da der Software-entwicklungsprozess ebenso unter die Berücksichtigung von Reifegradmodellen fällt, wirkt sich der Einsatz von Reifegradmodellen positiv auf die Entwicklung hochqualitativer Software aus.

6.   Fazit und kritische Betrachtung

Heutzutage wird Software in einer Vielzahl von Anwendungsbereichen mit unterschiedlichsten Anforderungen eingesetzt. Ein einheitlicher, universeller und optimaler Leitfaden, der sich für jede Softwareentwicklung anwenden lässt, existiert nicht. Die Entwicklung hochqualitativer Software stellt vielmehr einen Themenbereich mit vielen verschiedenen Facetten dar, die den Softwareentwicklungsprozess und den Softwarelebenszyklus in allen Phasen begleiten. Es gilt eine Vielzahl an unterschiedlichen Punkten innerhalb des Software Engineerings zu berücksichtigen, um ein hochqualitatives Softwareprodukt entwickeln zu können.

Als Qualitätsmaßstab sollten neben einer Berücksichtigung der formalen Qualitätsaspekte insbesondere die Kundenanforderungen an die spätere Produktqualität einfließen. Letztlich entscheidet der Kunde bzw. Auftraggeber darüber ob ein Softwareprodukt als hochqualitative Software einzustufen ist. Es gilt daher die in dieser wissenschaftlichen Arbeit dargestellten Methoden und Maßnahmen zur Qualitätssicherung projektspezifisch und an den Kundenanforderungen ausgerichtet so einzusetzen, dass am Ende eine Qualität entsteht mit der sowohl Auftraggeber als auch Auftragnehmer zufrieden sein können.

Diese Zielsetzung gestaltet sich allerdings in der Praxis als denkbar schwierig, da die Festlegung von Mechanismen der Qualitätssicherung einen entscheidenden Einfluss auf die Zeit- und schließlich auch Budgetplanung eines Projektes hat. Entscheidend ist daher den Qualitätsaspekten mit besonderer Bedeutung auch eine besondere Berücksichtigung zu schenken. Die Umsetzung zusätzlicher, nicht relevanter Qualitätsaspekte weißt wenig Mehrwert für den Auftraggeber auf und stellt zusätzliche Kosten für die Entwicklung dar. Das Ziel ist daher nicht die Entwicklung einer Software mit der besten, sondern mit der richtigen Qualität.

Als Erfolgsfaktor für die Entwicklung hochqualitativer Software kann daher die zweckgemäße Kombination der für das Projekt richtigen qualitätssichernden Maßnahmen unter Berücksichtigung von Zeit- und Kostenaspekten verstanden werden. Neben der Kenntnis über die wichtigsten Methoden, sind dabei vor allem auch einzelnen Managemententscheidungen von gravierender Bedeutung. Da die Prozessqualität einen direkten Einfluss auf die spätere Produktqualität hat, kommt den in dieser Arbeit dargestellten Entscheidungsbereichen durch das Management eine ebenfalls hohe Bedeutung zu.

Gelingt es zu Beginn des Softwareentwicklungsprozess die genannten Faktoren so zu vereinen, dass eine Berücksichtigung aller Aspekte im ausreichenden Maß stattfindet, so steht der Entwicklung hochqualitativer Software unter Berücksichtigung des Budget- und Zeitrahmens nichts mehr im Wege.

Literaturverzeichnis

BALZERT, Helmut:
Lehrbuch der Softwaretechnik: Entwurf, Implementierung, Installation und Betrieb
Heidelberg: Spektrum Akademischer Verlag, 3. Auflage, 2011

BALZERT, Helmut:
Lehrbuch der Software-Technik Band 1
Heidelberg: Spektrum Akademischer Verlag, 1998

BREU, Ruth; MATZNER, Thomas; NICKL, Friederike u.a.:
Software-Engineering
München: Oldenburg Verlag, 2005

FRÜHAUF, Karol; LUDEWIG, Jochen; SANDMAYR, Helmut:
Software-Projektmanagement und –Qualitätssicherung
Zürich: vdf Hochschulverlag AG, 4. Auflage, 2011

GERLICH, Rainer; GERLICH, Ralf:
111 Thesen zur erfolgreichen Softwareentwicklung
Berlin, Heidelberg: Springer-Verlag, 2005.

GRANDE, Markus:
100 Minuten für Anforderungsmanagement
Wiesbaden: Vieweg + Teubner Verlag, 2011

GREIF, Norbert; SCHREPF, Heike:
Richtlinie für die Softwaredokumentation
Berlin: Physikalisch Technische Bundesanstalt, 2002.

HOFFMANN, Dirk W.:
Software-Qualität.
Berlin, Heidelberg: Springer-Verlag, 2008.

KANDT, Ronald Kirk:
Software Engineering Quality Practices
Boca Raton: Auerbach Publications., 2006

KAZMAN, Rick; KLEIN Mark; BARBACCI, Mario u.a.:
The Architecture Tradeoff Analysis Method
o.O.: Carnegie Mellon University, 1998

KÜBECK, Sebastian:
Software-Sanierung
Heidelberg, München, Landsberg u.a.: Hüthig Jehle Rehm GmbH, 2009

LEHNER, Franz:
Software Dokumentation und Messung der Dokumentationsqualität
München: Carl Hanser Verlag, 1994.

LIGGESMEYER, Peter:
    Software-Qualität: Testen, Analysieren und Verifizieren von Software
    Heidelberg: Spektrum Akademischer Verlag, 2. Auflage, 2009

REZAGHOLI, Mohsen:
    Prozess- und Technologiemanagement in der Softwareentwicklung
    München: Oldenburg Verlag, 2004

STELZER, Dirk:
    Qualitätsmanagement in der Softwareentwicklung
    In: Computer Reseller News, Nr. 13 (2000), S. 50-54

SCHATTEN, Alexander; BIFFL, Stefan; DEMOLSK, Markus u.a.:
    Best Practice Software-Engineering
    Heidelberg: Spektrum Akademischer Verlag, 2010

SOMMERVILLE, Ian:
    Software Engineering
    Harlow, London, New York u.a.: Addison-Wesley, 8. Auflage, 2007

TIAN, Jeff:
    Software Quality Engineering
    Hoboken: John Wiley & Sons Inc., 2005

WALLMÜLLER, Ernest:
    Softwarequalitätsmanagement in der Praxis
    München, Wien: Carl Hanser Verlag, 2001